LA PRESSE

ET

LE JURY POLITIQUE

LA PRESSE

ET

LE JURY POLITIQUE

—

(*Extrait du journal l'Epoque*)

—

PARIS

IMPRIMERIE DE DUBUISSON ET COMPAGNIE

5, Rue Coq-Héron, 5

—

1867

L'Exposé des motifs qui précède le projet de loi sur la presse vient d'être rendu public. Ce travail, très-remarquable d'ailleurs, nous affermit de plus en plus dans nos convictions sur la difficile et importante question soumise aujourd'hui aux délibérations du Corps législatif. Il nous prouve en particulier que les arguments au moyen desquels le gouvernement repousse la compétence du jury ordinaire sont de nature à donner un caractère d'opportunité à la publication de notre opinion sur le jury spécial et politique.

Cette opinion, nous l'avons exprimée dans des articles insérés dans le journal l'*Epoque,* alors que le projet de loi sur la presse ne

nous était connu que par les révélations de
ceux qui se disent bien informés.

L'idée primordiale que ces articles ren-
ferment a été puisée dans les travaux spé-
ciaux et féconds, publiés il y a déjà plusieurs années par M. Edouard Boinvilliers.
Elle a été, depuis, confirmée par les décla-
rations d'un grand nombre de publicistes,
appartenant aux opinions politiques les
plus opposées. Elle a rencontré également
un accueil favorable dans les journaux
de nuances différentes. Ces adhésions considérables nous permettent d'espérer que
ces quelques pages pourront trouver place
dans le volumineux dossier de MM. les
membres de la commission chargée d'étu-
dier le projet de loi sur la presse.

LA PRESSE

ET

LE JURY POLITIQUE

———

I

Le conseil d'État vient de terminer l'étude du projet de loi sur la presse : les solutions auxquelles il s'est arrêté sont relativement satisfaisantes et ont corrigé quelques détails fâcheux de la première rédaction ; il faut constater cependant que la physionomie générale de la loi, son caractère politique, sont restés les mêmes. Or, nous croyons fermement que, sur ce point, le gouvernement s'est trompé, et nous lui demandons la permission de lui dire les motifs de notre conviction ; nous nous efforcerons, dans cette étude, de nous abstraire de nos préoccupations habituelles ; nous voulons faire un effort consciencieux qui nous permettra d'oublier nos propres intérêts et de nous placer au point de vue même des auteurs du projet : c'est la seule manière d'être impartial; c'est aussi la chance la plus certaine d'être écouté.

Le projet de loi délibéré par le conseil d'Etat n'est pas autre chose que la lutte organisée entre la presse et le gouvernement; et, comme on a préparé le champ de bataille, il va de soi qu'on a remis entre les mains du pouvoir les armes les mieux trempées. Cette tendance ou plutôt ce caractère évident du projet est regrettable; ce n'est pas qu'au fond, à bien prendre les choses et surtout à voir leur fin, les écrivains politiques soient bien à plaindre en tout ceci; ils auront sans doute à subir des anxiétés et des tracasseries nombreuses, mais, au demeurant, la lutte leur sera toujours favorable; les condamnations les plus fréquentes et les plus sévères ne feront que les grandir, et à supposer qu'après bien des efforts et bien des scandales on réussisse à tuer un ou deux journaux, il s'en formera immédiatement de nouveaux, auxquels courront les condamnés de la veille, aigris par la persécution, enorgueillis du bruit qui se sera fait autour de leur nom, et, pour dire toute la vérité, désormais mortellement ennemis du pouvoir.

Cela est un fait constant, qu'on peut relever à chaque page de notre histoire politique contemporaine, et il n'y a aucune raison de penser que cette histoire se déjugera pour complaire au gouvernement actuel. Celui-ci commet d'ailleurs une faute plus grave encore s'il est possible : — Lorsque l'Empereur a écrit sa lettre du 19 janvier, il était incontestablement animé d'intentions libérales, auxquelles, si nous en croyons la chronique du jour, il n'aurait pas renoncé dans la discussion du projet. Cette haute pensée du souverain, qui répondait aux intérêts les plus élevés de la politique générale, a été mal comprise et imparfaitement exécutée ; c'est là, nous le répétons, un vice capital de la loi, dont les suites peuvent être considérables ; on dira : — ne l'a-t-on pas dit déjà ? — L'Empereur avait annoncé des réformes libérales ; mais à en juger par ce qui se passe au sujet de la presse, c'est un leurre ; — si la parole du chef de l'Etat peut être ainsi protestée, ne faut-il pas craindre que son crédit personnel, qui est grand encore sur l'esprit de nos populations, ne s'en trouve gravement atteint ?

Il n'est pas besoin, sans doute, de s'étendre beaucoup sur ces deux aspects de la loi ; il suffit de jeter les yeux sur le projet pour se convaincre de leur rigoureuse exactitude. L'autorisation préalable est, il est vrai, supprimée ; le cautionnement et le timbre restent les mêmes que par le passé ; mais les délits commis par la voie de la presse sont justiciables de la police correctionnelle, qui n'est pas précisément un juge bienveillant en ces matières ; mais ce même juge peut infliger de fortes amendes, peut envoyer l'écrivain en prison, peut prononcer l'interdiction des droits civils, et se trouve, par-dessus le marché, investi du droit de suspension. Certes, voilà un arsenal bien complet, et il faut être un incurable ennemi de l'ancien arbitraire administratif pour trouver cette juridiction nouvelle libérale ; et encore, si elle préservait le gouvernement, on la comprendrait. Mais il n'en est rien. Qu'on en croie, sur ce point, un avis bien désintéressé, puisqu'il vient d'un journaliste.

Avant de passer outre, il nous faut répondre à une question que, certainement, le lecteur nous adresse : Comment, nous demande-t-il, retrouverez vous les garanties qu'offrait au pouvoir le système administratif, puisque vous l'abandonnez ; comment concilierez-vous la liberté promise à la presse, avec une législation dont la douceur ne s'expliquait que par l'absence même de liberté ? Pour répondre à cette question, nous allons dessiner, d'une manière sommaire, bien entendu, les lignes principales du projet tel que nous le comprenons ; nous le discuterons ensuite, et, en le rapprochant du projet actuel, il nous sera facile d'en signaler les notables avantages. Voici le contre-projet :

ART. 1er.

Tout Français majeur et jouissant de ses droits civils peut publier un journal, en se conformant aux lois sur la déclaration, le cautionnement et le timbre.

ART. 2.

Continueront à être soumis à la juridiction correctionnelle, et .reprimés conformément aux articles 1, 8, 9, 10, 11, 12, 13, 14, 16, 17, 18, 19, 20 de la loi du 17 mai 1819 — toute contravention, — la provocation au crime, — l'outrage à la morale publique et religieuse, et aux bonnes mœurs, — les offenses envers la personne de l'Empereur, — les offenses publiques envers les membres de la famille impériale, les Chambres, les souverains et les gouvernements étrangers, — la diffamation et l'injure publique.

ART. 3.

Dans le cas où l'écrivain *a dépassé les bornes d'une discussion loyale,* ou *attaqué la Constitution,* le représentant du journal qui a imprimé l'article incriminé est cité par le ministre de l'intérieur devant le jury.

ART. 4.

Le jury est composé de douze personnes tirées au sort parmi les membres des corps politiques constitués par l'élection (Corps législatif, conseils généraux, etc.), — il est renouvelé tous les deux ans, — il siège à Paris. — S'il juge que l'article *dépasse les bornes d'une discussion loyale* ou *attaque la Constitution,* il condamne le représentant du journal à une amende qui ne pourra jamais excéder le cinquième du cautionnement. — Pendant l'instance, l'article incriminé ne pourra être reproduit.

Il est bien compris que ce n'est pas là un véritable texte de loi ; il n'est ni assez précis ni assez complet pour avoir cette prétention. Il se dégage toutefois de ces dispositions sommaires deux pensées que nous croyons justes et fécondes ; d'abord on a distingué chez l'écrivain deux ordres de faits très-différents, mais jusqu'alors absolument confondus, par la législation, bien qu'ils n'aient entre eux d'autres rapports que de pouvoir être commis par le même individu. Il est évident que l'écrit dans lequel on discute les actes d'un gouvernement n'a rien de commun avec celui qui outrage la pudeur ou les bonnes mœurs. Et ensuite cette distinction une fois établie, il a été possible de revenir à la vérité, à la logique dans ces difficiles questions. En effet, ce fait étant exclusivement politique, on l'a fait apprécier par un magistrat politique, le ministre de l'intérieur, et juger par une cour politique, le jury.

II

Nous venons de conclure à une double juridiction pour la presse : celle des tribunaux, indiquée
par les lois antérieures, pour les faits non politiques,
celle d'un jury spécial pour les faits politiques.

Nous ne croyons pas que l'on puisse contester sé-
rieusement les bénéfices de cette distinction, pas
plus dans la sévérité qu'elle montre d'un côté que
dans l'indulgence qu'elle permet de l'autre. Si un
écrivain croit avoir jamais besoin, pour le succès de
sa cause, de recourir à l'injure ou à la diffamation,
d'outrager la morale ou la religion, de se servir de
l'offense contre la personne du souverain, c'est d'a-
bord un individu qui n'est nullement digne de com-
misération, parce qu'il oublie sa propre dignité, et
c'est ensuite un pauvre journaliste, car il est toujours loisible à un écrivain sérieux de faire comprendre tout ce qu'il voudra à ses lecteurs sans employer
de pareils moyens: l'accusé condamné pour d'aussi
blâmables écarts ne sera jamais amnistié par l'opinion publique, et la police correctionnelle peut être
à bon droit invoquée contre lui.

Mais n'est-ce pas chose heureuse entre toutes que de soustraire l'homme loyal, qui n'a que le tort d'avoir montré un peu trop d'ardeur, de violence même, dans la polémique qu'il soutient contre le gouvernement, aux étreintes de cette justice qui n'est pas faite pour lui ?

Avant que la lettre du 19 janvier eût paru, alors que le problème de la loi sur la presse était dans toute son intégrité, il est remarquable qu'aucun organe de l'opinion publique, conservateur, opposant, officieux ou officiel, n'ait voulu de la juridiction correctionnelle. Le journal l'*Étendard*, l'éditeur responsable des lettres de M. Giraudeau, s'était, comme tous les autres, prononcé, par la plume de son remarquable correspondant, contre cette solution ; il avait de plus indiqué, sans s'y arrêter il est vrai, le jury politique comme un des bons moyens à employer contre les inconvénients possibles du régime administratif. Sans doute, tous ces journaux n'ont pas énoncé nos propres opinions à ce sujet ; tous n'ont pas abouti au jury spécial que nous proposons, quoique bon nombre d'entre eux l'aient formellement indiqué.

Mais tous ont conclu contre la juridiction correctionnelle. — Il y a là une unanimité qui ne peut être le résultat d'un hasard quelconque ; une pensée dominante s'est fait jour au milieu de ces esprits animés de préoccupations politiques si différentes, et cette pensée peut être résumée en ces termes : Le juge correctionnel n'est pas fait pour la cause qu'on va lui soumettre ; il a besoin, comme tous les juges, d'un texte précis pour absoudre ou condamner, et ce texte fera toujours défaut ; il lui faut, pour remplir ce rôle nouveau, apprécier mille circonstances accessoires, qui sont la vraie raison de décider en matière de presse, et qu'il ne pourra invoquer sans sortir des bornes au delà desquelles la loi elle-même ne lui permet plus d'exercer sa fonction.

Et puis, comment comprendre que le gouvernement, pour ne plus parler des justiciables, consente à transformer les quelques centaines de tribunaux correctionnels que nous avons en France, en autant de cours politiques chargées de juger les questions les plus hautes qui puissent s'agiter ? Ne craint-il pas, s'il les trouve dociles à ses inspirations, de les compromettre dans l'opinion publique, qui les dira serviles, et s'ils concluent contre lui, de se préparer à lui-même le plus fâcheux des échecs ? Qu'est-ce en effet qu'une politique condamnée par la justice du pays ?

La conclusion qu'en tirera immédiatement le public, c'est que cette politique doit être mauvaise au delà de tout ce qu'on peut imaginer. Nous savons qu'on a cru répondre à ces rudes objections, qui ont été si générales, si universelles même, en soutenant que la magistrature prend tous les jours en considération bien des circonstances accessoires à la cause qui lui est déférée, et qu'ainsi le rôle du jury qu'on voudrait lui confier n'est pas si nouveau pour elle. Lorsqu'elle applique les circonstances atténuantes, ajoute-t-on, agit-elle autrement ? — Cet argument nous semble bien peu redoutable ; car d'un côté, si le magistrat juge en toutes circonstances dans sa liberté d'examen, il est certain que dans un cas il applique un texte précis, et dans l'autre un texte nécessairement fort élastique ; la différence est grande à ce seul point de vue ; mais il ne faut pas se lasser de répéter qu'il n'y a rien de semblable à juger une cause politique ou une cause qui ne l'est pas, et que par là tombe définitivement l'objection que nous venons de citer. — Mais on va plus loin : Pourquoi le juge correctionnel ne prononcerait-il pas en matière politique ? Apparemment, dit-on, le ministère public n'intenterait pas d'action sans l'assentiment du garde des sceaux, son supérieur, et alors il n'y aura de changé que le ministre : l'initiative, pour partir de la place Vendôme, ne sera pas moins réfléchie, pas moins politique, que si elle partait de la place Beauvau.

Il y a encore là beaucoup d'illusion, car d'abord intenter une action, introduire une instance n'est pas juger, et tout ce que nous avons dit du juge correctionnel subsiste en son entier. Et ensuite, tandis que le ministre de l'intérieur apprécie personnellement et sans intermédiaires attitrés tous les faits politiques de la nature de ceux dont nous parlons, M. le garde des sceaux est obligé de passer par l'intermédiaire de trois cents procureurs impériaux, qui sont sans doute des hommes fort intègres et des plus intelligents, mais qui sont des magistrats dévoués avant d'être des hommes politiques indépendants et qui ont une part inévitable et très-considérable d'influence sur la décision de leur chef. Il y a là d'ailleurs des habitudes, des traditions juridiques qui n'ont pas la souplesse et la largeur des vues politiques.

Mais c'est assez discuter des arguments secondaires, qui n'ont été mis en avant que pour excuser la juridiction correctionnelle : sa vraie raison d'être dans le nouveau projet de loi, c'est qu'on la suppose très-redoutable aux écarts de la presse, et qu'on l'accepte en dépit de tous les bons motifs qu'on aurait de ne pas s'en servir.

Ceci est une erreur : la lutte portera toujours dommage au gouvernement, qui sera vaincu autant de fois qu'il comptera de victoires. Elle portera aussi dommage à la liberté, car après les excès dans un sens, on se portera à des excès en sens contraire ; la liberté de la presse ne s'établira en France que lorsque, pendant un grand nombre d'années, elle n'aura pas comparu devant la barre des tribunaux.

Nous ne terminerons pas sur ce point sans faire

remarquer un des résultats les plus utiles de la distinction que nous voulons établir entre l'acte politique et l'acte non politique de l'écrivain. Tant que cette confusion a existé, il a été à peu près impossible de déférer à un des vœux les plus honorables des premiers auteurs du projet : à l'abolition de la prison. Que répondre, en effet, aux légistes reprochant avec amertume à la loi nouvelle de se montrer d'une indulgence coupable pour l'injure ou la diffamation quand elle sera commise par la voie du journal, c'est-à-dire avec mille fois plus de certitude de nuire que lorsqu'elle a été commise par tout autre moyen? Il n'y a rien à répondre, en vérité, tant que la diffamation, l'injure ou tout autre fait de cette nature, pourront être regardés comme politiques; que si, au contraire, on fait la distinction que nous avons indiquée, rien n'empêche d'être aussi rigoureux qu'on le souhaite pour des actes non politiques, parce qu'on n'est plus forcé d'infliger la prison à des gens pour qui elle n'est pas faite, et sur lesquels d'ailleurs elle n'a jamais produit aucun effet utile.

Donc, la police correctionnelle, comme juge de l'écrivain politique, a été universellement repoussée par toute la presse gouvernementale et opposante. La seule raison qu'on pût mettre en avant pour la conserver venait d'une confusion qu'il est très-facile et très-pratique de faire cesser. C'est là ce que nous voulions prouver aujourd'hui.

III

Nous croyons avoir démontré · que la police correctionnelle n'est pas le tribunal qui doit connaître du fait de l'écrivain politique; que cette opinion a été unanimement partagée par tous les organes de la presse, à quelque parti qu'ils fussent rattachés, et qu'enfin l'abandon de cette juridiction n'entraînerait aucun inconvénient sérieux, ne créerait aucun défaut de symétrie dans l'échelle des peines, pourvu qu'on voulût bien faire cesser la confusion qui a toujours existé jusqu'ici entre le fait politique et le fait non politique de l'écrivain.

La question est donc de beaucoup simplifiée, car si on ne trouve pas les garanties que l'on doit souhaiter, pour le justiciable comme pour le gouvernement, dans la juridiction correctionnelle, il ne reste plus à notre disposition que le jury.

C'est, en effet, la conclusion également unanime, également universelle à laquelle ont abouti tous les publicistes qui ont discuté cette délicate matière. Personne ne veut du juge correctionnel, tout le monde demande le jury.

Toutefois, les uns parlent du jury ordinaire, et ce

sont les plus nombreux, et les autres revendiquent un jury spécial, qui serait avant tout politique. On nous permettra de rappeler que notre journal, si nous ne nous trompons, s'est fait le premier l'écho de cette dernière théorie (voir l'*Époque* des 4 janvier et 7 février) ; mais nous ne sommes pas seuls de notre opinion, et l'*Union*, l'*Opinion nationale*, le *Monde*, la *France*, le *Courrier de Lyon*, la *Gazette de France*, la *Revue contemporaine* et bien d'autres dont les noms ne se présentent pas à notre mémoire et auxquels nous faisons nos excuses pour cet oubli involontaire, ont reconnu que le jury ordinaire, avec sa compétence spéciale, son organisation actuelle, ses habitudes particulières, ne convenait pas plus que la police correctionnelle à ce qu'il y a de certainement élevé dans la position d'un homme qui s'occupe exclusivement de politique, et qui comparaît à ce titre devant des juges, dans lesquels il a le droit de vouloir des égaux.

On a fait beaucoup d'honneur au jury ordinaire de la merveilleuse souplesse qu'il a toujours montrée à se tenir au courant des opinions du moment, à suivre ce courant avec un abandon complet, à être le miroir fidèle de la société au jour le jour, et on n'a pas compris que cette prétendue qualité était un affreux défaut lorsqu'il s'agit, non plus d'arbitrer une somme d'argent représentative du dommage causé par l'expropriation ou d'accorder des circonstances atténuantes à un bandit, mais d'être un juge élevé, capable, par ses connaissances, par sa situation, par sa vie quotidienne, de servir d'arbitre impartial entre l'écrivain politique et le gouvernement.

Un juge n'est pas un miroir, c'est un frein inventé par toute société civilisée contre les écarts possibles de la liberté individuelle. Quel arbitre et quel frein trouverait-on dans le jury dont on vient de faire le portrait, en le prenant des mains de ceux qui s'en montrent partisans ? N'est-il pas évident que devant de pareilles questions ce prétendu magistrat est faible, ignorant, à la merci de toutes les impressions, et qu'à l'envers du sens commun il sera terrible pour la presse lorsque l'opinion se montrera hostile pour elle, et que, par conséquent, le gouvernement n'a pas besoin d'être défendu ? qu'il sera, par contre, des plus débonnaires quand le pouvoir, tiraillé, amoindri par mille circonstances qui se présentent dans la vie de toute société, comptera sur la barrière impuissante qu'il aura voulu élever en face de ces courants inévitables ?

Au surplus, ce jury ordinaire, il faut voir comment il est composé : 2,000 personnes pour Paris, et ces 2,000 personnes sont dans a main du préfet et des juges de paix ; et la faculté de récusation la compte-t-on pour rien ? Que fera le haut fonctionnaire chargé de la mission politique d'organiser, par ce moyen, une juridiction pour la presse ? Il se pénétrera évidemment des besoins du gouvernement, et le prétendu tribunal dans lequel on croit trouver de si précieuses ressources d'indépendance pourra être composé, comme on l'a vu sous le règne de Louis-Philippe, d'une majorité dévouée au pouvoir, et dans laquelle ne figuraient pas moins de six conseillers d'Etat.

Ah ! à la vérité, il est faible ; l'éloquence d'un avocat peut faire sur lui une impression vive ; il peut avoir peur aussi, et absoudre par crainte des vengeances révolutionnaires dont on l'aura menacé. Mais qu'est-ce que tout cela ? Nous ne voyons là qu'une assemblée de gens honorables, à coup sûr, mais réunis par les soins de l'administration, embarrassés de la mission si haute qu'on leur confie, ayant toujours une tendance à complaire au sentiment du jour, et non pas à juger en vue de l'avenir ; incapables de se placer à la hauteur de l'examen qu'exige leur mandat, ils tremblent tour à tour sous la parole émue du défenseur de l'accusé, sous la parole tonnante du ministère public, et ils rendent un verdict où ils absolvent l'accusé parce qu'il a une femme et des enfants en bas âge, où ils le condamnent parce qu'il est convaincu d'avoir une maîtresse, et par conséquent, selon les foudres de l'accusation, de vivre dans une honteuse débauche.

Qu'y a-t-il de digne, de noble, de conforme au but que l'on poursuit dans le retour à une pareille juridiction? Sa composition, au fond, ne présente pas les moindres garanties d'indépendance en ces matières, et l'accusé ne peut, avec quelque raison, que spéculer sur sa faiblesse.

Nous voilà donc conduits, pour ainsi dire, invinciblement au jury spécial et politique; mais qu'il soit bien entendu, avant de passer outre, que l'indication que nous avons donnée dans notre premier article n'est en réalité qu'un exemple, et qu'il est de nombreuses manières de composer ce tribunal nouveau; notre journal lui même en a indiqué plusieurs (voir l'*Epoque* du 4 janvier et du 7 février).

Si, par une raison quelconque, on ne souhaitait pas une émanation du Corps législatif, on pourrait penser à une réunion composée de six ou de huit conseillers à la cour de cassation, qui, alors, feraient réellement fonctions de jurés et ne seraient plus magistrats dans le sens ordinaire du mot. Ces personnages sont dans une situation fort élevée, ils présentent toutes les garanties désirables de lumières et d'indépendance ; enfin, ils sont presque tous arrivés au terme de leur carrière, et les préoccupations de l'avancement auraient peu de chance de troubler leur impartialité.

On a parlé encore d'une commission de conseillers d'Etat, gens politiques par excellence, qui sont, en outre, par la loi même de leurs fonctions, fort souvent arbitres entre l'intérêt des particuliers et celui du gouvernement ; d'autres ont vu, dans une assemblée composée de trois représentants de chacun des grands corps politiques du pays (sénateurs, députés, conseillers d'Etat), une garantie d'un ordre différent, une assurance de faire juger les procès de presse par des inspirations plus variées et plus complètes, puisqu'elles émaneraient de milieux ayant pour caractère commun la qualité politique, mais cependant différents les uns des autres. Nous ne saurions oublier que, s'inspirant du besoin de conciliation qui a donné naissance au Conseil des prud'hommes, on a cherché une combinaison qui réunirait d'un côté un certain nombre de conseillers d'Etat, et de l'autre les représentants les plus accrédités du journalisme.

Enfin, nous croyons nous rappeler qu'un journal politique important, l'*Union,* proposait un système peut-être un peu compliqué dans la pratique, mais qui avait une physionomie heureuse. Il s'agissait de dresser une liste des notables, composée, d'un côté, de tous les membres des grands corps politiques de l'Etat ; de l'autre, de tous les écrivains politiques, et de tirer au sort, dans ces deux listes réunies, quinze ou vingt noms, qui auraient ainsi formé un jury spécial parfaitement approprié aux fonctions qu'il aurait à remplir.

Qu'il soit donc bien compris que nous n'entendons exclure aucune combinaison qui semblera capable de donner satisfaction à ce principe élevé, moral, rationnel qui est à lui seul la marque distinctive d'une civilisation avancée, au principe du jugement par ses pairs, par ses égaux.

Quelques esprits, que la nouveauté effraye, ont cru trouver dans l'application de cette pensée des difficultés très-grandes, et qui nous paraissent, au contraire, bien subalternes, si tant est qu'il y ait réellement des difficultés.

On a dit :

Mais ce sera très-gênant pour les gérants des journaux d'être obligés de venir se faire juger à Paris, au lieu d'avoir auprès d'eux le tribunal où ils doivent comparaître.

Sans doute, cela peut être un petit ennui, bien réduit aujourd'hui par la grande facilité des communications, et il est à présumer que les représentants des journaux viennent souvent dans la capitale pour des intérêts bien moins sérieux que ceux qui seraient en jeu dans ce moment-là ; mais ensuite il faut considérer que l'article politique qui a paru à Quimper-Corentin ou à Arles est tout aussi politique que s'il avait été écrit à Paris ; on critique le gouvernement du pays tout entier, à quelque place qu'on imprime le journal, et s'il y a dommage ou péril à redouter, c'est pour la nation entière et non pour telle ou telle localité.

Ne convient-il pas d'ajouter, en outre, que les citoyens savent bien se déranger pour défendre leurs intérêts devant le conseil d'Etat et la cour de cassation, et que, pour leur éviter des déplacements, on n'a jamais songé à multiplier les éditions de ces deux grandes assemblées? On s'est demandé aussi comment un jury s'y prendrait pour appliquer une peine, fût-elle l'amende; n'y avait-il pas ici une espèce de dérogation au principe, qui ne soumet à l'appréciation du jury que la connaissance du fait, et qui réserve à la cour l'application de la peine? Un mot suffit pour répondre; le jury d'expropriation fixe toutes les sommes à verser pour dommages encourus,

Nous voilà donc arrivés, par une étude patiente, à la conclusion inévitable à laquelle ont abouti tous les écrivains, à l'attribution des procès de presse au jury; nous avons fait voir que le jury ordinaire ne répond pas mieux que la police correctionnelle au but que l'on poursuit. Il faut donc un jury spécial, La composition en sera toujours facile, et n'offre aucun des inconvénients pratiques que l'on pourrait redouter. Il reste à établir que ce jury politique est, e vrai *droit commun* des Français en cette matière,

IV

Les partisans du jury ordinaire semblent désirer cette juridiction pour la presse, malgré ses imperfections évidentes qu'ils avouent, par la raison décisive, selon eux, que ce jury est le *droit commun* en ces matières ; et, partant de cette idée, ils disent bien haut, et non sans une certaine nuance d'orgueil, qu'ils ne réclament ni privilége ni faveur pour les fonctions qu'ils exercent, qu'ils entendent se soumettre, comme le plus humble citoyen, au droit commun des Français. — C'est bien aussi ce que nous voulons, et c'est pourquoi nous concluons au jury politique et non au jury ordinaire.

- C'est en effet un axiome de notre vieux droit français, et qui a reçu depuis 1789 de très-nombreuses applications, que tout justiciable doit être jugé par ses pairs, par ses égaux ; c'est là une loi toute de bienveillance et de protection intelligente, qui a entendu ne faire comparaître un justiciable que devant des juges capables de comprendre les nécessités particulières de la fonction qu'il exerce ; capables de s'y associer dans une certaine mesure, qui fussent pénétrés des traditions du corps d'état ou de métier auquel appartient celui qui se présente devant eux ; qui eussent assez de souplesse pour excuser certains faits que le Code civil eût blâmés, assez de fermeté pour réprimer certains écarts plus nuisibles à la société spéciale à laquelle se rattache le comparant qu'à la société générale, à la nation elle-même, et que par cette raison le Code eût négligés.

Les traces de cette disposition d'esprit du législateur sont si fortement accusées dans l'ensemble de nos lois, qu'il suffit de les citer pour s'en convaincre ; d'ailleurs, les besoins auxquels on voulait pourvoir étaient si unanimes et si pressants que, lorsque la loi était muette, parce qu'il lui était impossible de prévoir tous les cas, les citoyens appartenant à tous les échelons de l'échelle sociale se sont réunis, ont fait un code à leur usage, s'y sont volontairement soumis, et ont ensuite proposé à la loi elle-même de sanctionner leur ouvrage.

N'est-ce pas une application de ce principe salutaire qui a présidé à la confection du Code de commerce ? On a senti en tous les temps, en tous les lieux, hormis parmi les peuples et les temps barbares, que la juridiction ordinaire, avec ses formes lentes, compassées à dessein pour épuiser toutes les chances de découvrir la vérité, devait céder le pas à une loi nouvelle, plus rapide, plus expéditive, et par cela même plus conservatrice des plus impérieux besoins du commerçant. C'est là un code spécial, dont sont justiciables l'immense majorité des citoyens d'une grande nation ; mais, dans ce cas général et spécial tout à la fois du fait de commerce, le législateur n'avait pas pu prévoir les innombrables combinaisons que pourraient enfanter les besoins variables de la société ; aussi les citoyens y ont pourvu. S'agit-il d'agents de change, on a la chambre syndicale ; de notaires, celle des notaires ; de patrons ou d'ouvriers, le conseil des prud'hommes ; les avocats, qui prétendent ne pas faire acte de commerce et qui exercent cependant une profession spéciale qui a ses règles et ses traditions, ont imaginé le conseil de l'ordre ; et notez, en passant, que ces juridictions, pour être secondaires, n'en disposent pas moins souvent de l'honneur et de la fortune de leurs justiciables, c'est-à-dire des plus grands intérêts après celui de la vie. Voilà pour le commerce, avec toutes ses ramifications ; mais vous êtes soldat, c'est devant le conseil de guerre qu'il faudra comparaître ; vos juges sont choisis à tous les degrés de la hiérarchie militaire, pour que le principe tutélaire du jugement par ses égaux soit encore respecté ; on fera un code spécial, qui s'écartera en bien des cas du Code pénal ordinaire, d'un côté parce qu'il y a des infractions qui prennent dans l'armée et au point de vue de la discipline une importance exceptionnelle ; et de l'autre, parce que des faits qui pourraient paraître graves aux yeux du juge ordinaire ne le seront pas aux yeux du juge spécial. — Mais on ne s'est pas contenté de cette large exception, on a divisé dans la division, et les marins ayant d'autres traditions que les soldats de l'armée de terre, on a créé pour eux les tribunaux maritimes.

Le professeur comparaît devant le conseil impérial de l'Université, et ce n'est que là qu'il peut être destitué de son emploi. — Le fonctionnaire n'est justiciable que du conseil d'Etat, par cette toute simple et décisive raison qu'un fonctionnaire pouvant et devant, dans l'exercice de sa profession, froisser un grand nombre d'intérêts, il passerait sa vie en procès avec ses administrés. — Le garde national ne relève que du conseil de discipline ; — l'entrepreneur de travaux publics qui est en contestation avec le gouvernement plaide devant le contentieux du conseil d'Etat ; — les prêtres prétendent ne relever que de leur juridiction propre ; — la magistrature à la sienne.

Enfin, il faut avouer que, dans l'exercice d'une profession quelconque, depuis l'ouvrier justiciable des prudhommes jusqu'au ministre relevant de la haute cour de justice, il n'est pas un citoyen en France qui ne relève d'une juridiction spéciale, heureusement adaptée à la nature et aux besoins de la fonction qu'il exerce. Proclamons donc comme une vérité désormais incontestable que si le simple citoyen n'a pour juge que la magistrature ordinaire, et pour loi que le

Code Napoléon, au contraire, tout homme qui plaide à raison du métier ou de la fonction qu'il exerce, a droit à un juge spécial et l'obtient.

Certes, il n'y a pas au monde une fonction plus délicate que celle d'écrivain politique ; il n'en est pas qui, dans les démêlés qu'elle peut avoir avec la justice, demande, de la part des juges, des lumières aussi étendues, une autorité aussi incontestable, une aptitude aussi spéciale, pour démêler et les besoins de préservation du gouvernement et les nécessités de la liberté qu'il convient d'accorder à l'écrivain.

Quelles bonnes raisons peut-on donc invoquer pour refuser à ce dernier les garanties que la loi donne au plus humble des citoyens ?

Rappelons en deux mots, et sous forme de conclusion, les points principaux abordés dans ces quelques pages. Le projet de loi sur la presse, tel qu'il est sorti des délibérations du conseil d'Etat, présente de notables améliorations, mais il conserve encore une physionomie qui n'est pas heureuse : il n'est pas libéral, et, à tous les points de vue, après la lettre du 19 janvier, c'est un aspect fâcheux ; ensuite, et par la juridiction correctionnelle, et les peines sévères qu'elle entraîne, il organise la lutte entre la presse et le pouvoir. — Peut-on trouver un moyen d'éviter ce double écueil ? Nous le croyons sincèrement. C'est là le but de l'étude que nous venons de soumettre à nos lecteurs.

Paris. — Imp. de Dubuisson et Cᵉ, rue Coq-Héron, 5.